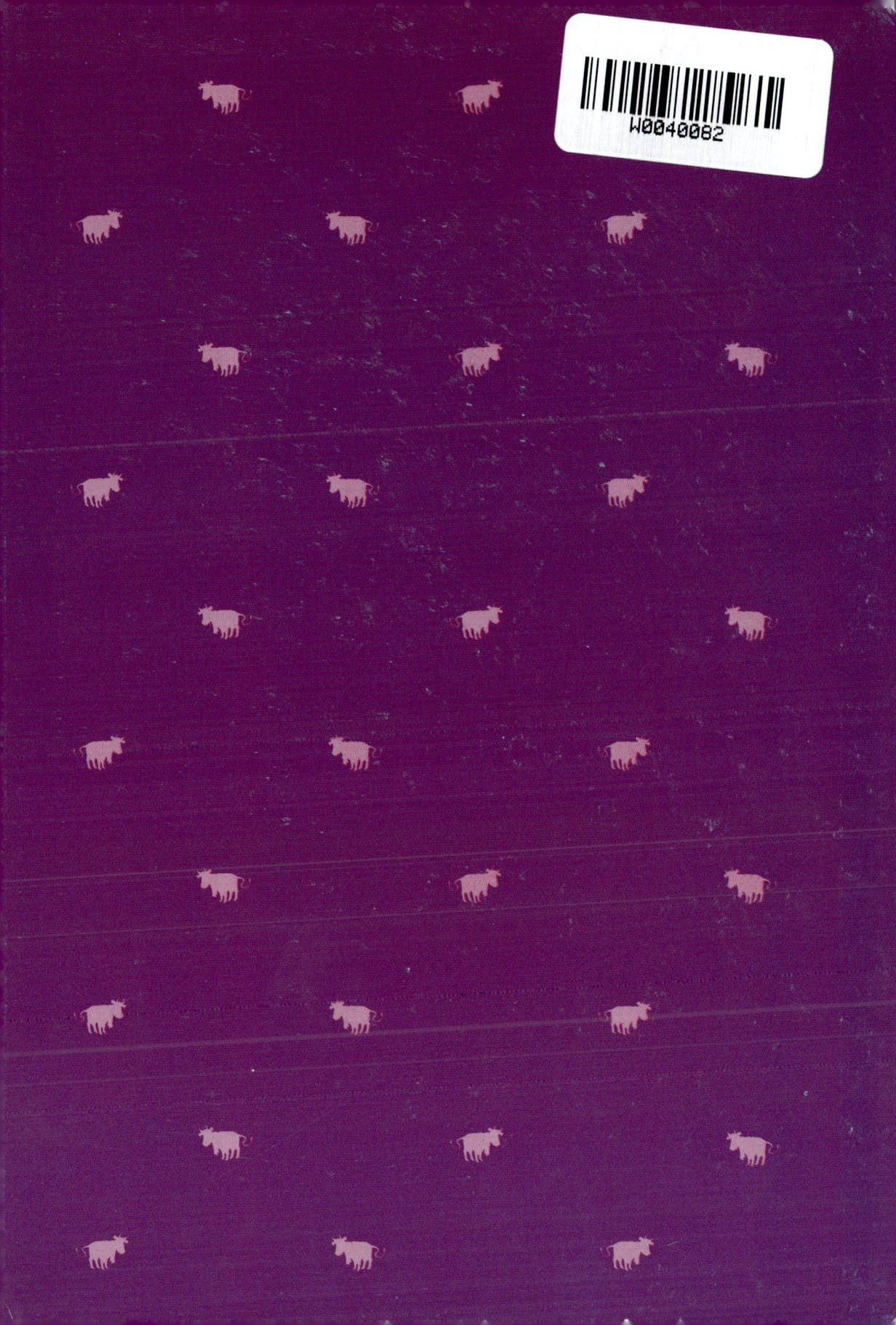

Der Arena LeseStier
Sachgeschichten für Erstleser

Paul Speer

Margot Hellmiß
studierte Deutsch, Geschichte und Sozialkunde.
Sie lebt als freiberufliche Journalistin und Jugendbuchautorin in München.

Stephan Baumann,
1965 in München geboren, studierte Kommunikations-Design.
Seit über fünf Jahren arbeitet er als freischaffender Illustrator
für Kinder- und Jugendbuchverlage.

Margot Hellmiß

Das will ich wissen
Die Feuerwehr

Mit Bildern von
Stephan Baumann

Wir danken
der Münchner Berufsfeuerwehr
für ihre Mithilfe bei der Entstehung
dieses Buches.

In neuer Rechtschreibung

5. Auflage 1999
© 1995 by Arena Verlag GmbH, Würzburg
Alle Rechte vorbehalten
Einband und Innenillustrationen: Stephan Baumann
Reihengestaltung: Karl Müller-Bussdorf
Gesamtherstellung: Westermann Druck Zwickau GmbH
ISBN 3-401-04588-1

Inhalt

Selma in der Klemme

Endlich ist Schulschluss.
Selma stürmt als Erste
aus dem Klassenzimmer.
Mark und Kevin rennen hinterher.
Selma ruft:
»Ihr holt mich nie ein.«
Kevin brüllt: »Wetten, dass!«

6

Wie ein geölter Blitz
flitzt Selma die Treppe hinunter
und quer über den Schulhof.
Erst hinter dem eisernen Tor zur Straße
dreht sie sich um.
So viel Vorsprung!
Schnell zwängt sie ihren Kopf
durch die Gitterstäbe
und grinst die Jungen an:
»Gewonnen!«
Mark und Kevin kommen schnaufend
bei ihr an.
Kevin keucht: »Morgen gewinnst du nicht.
Das versprech ich dir.«

Selma will gerade antworten.
Aber was ist das?
Als sie ihren Kopf
wieder aus den Gitterstäben ziehen will,
geht es auf einmal nicht.
Sie bekommt den Kopf
einfach nicht mehr heraus.
Sie ist gefangen!

Inzwischen sind auch die anderen
aus der 2b am Schultor.

»Wie bist du da bloß reingekommen?«,
fragt Mareike.
Ein Junge meint neunmalklug:
»Wo man reinkommt,
kommt man auch wieder raus.«
Dann feixt er:
»Vielleicht klappt es,
wenn man ihr die Ohren abschneidet?«
Selma schreit verzweifelt:
»Helft mir doch, ich stecke fest!«
Sie beginnt laut zu weinen.
Jetzt erst merken die Kinder,
wie ernst die Lage ist.
»Wir müssen etwas unternehmen«,
sagt Mareike.
Sie läuft zurück in die Schule
und holt den Hausmeister, Herrn Huber.

Als er Selma sieht, brummt er:
»Wie hast du das denn hingekriegt?«
Er dreht ihren Kopf hin und her.
Aber es hilft alles nichts.

»Wir müssen die Feuerwehr rufen«,
sagt er bestürzt.
»Gute Idee«, stimmt Mareike zu.

So schnell er kann,
läuft Herr Huber ins Schulbüro.
Er nimmt das Telefon und wählt die 112.
Das ist die Telefonnummer der Feuerwehr.

Er spricht in den Hörer:
»Hier Hausmeister Huber,
Grundschule Grimmstraße 7.«
Dann erklärt er, was passiert ist.
»In wenigen Minuten sind wir da«,
verspricht der Feuerwehrmann.

Die Feuerwehr kommt
mit Martinshorn und Blaulicht.
Vor der Schule bremsen fünf rote Autos.
Die Feuerwehrmänner springen heraus.
»Ob sie das Schultor kaputtmachen?«,
fragt Kevin.
Der neunmalkluge Junge meint:
»Die schneiden das Eisen
einfach durch.
Mit einem Trennschleifer.«

Einer der Feuerwehrmänner
geht sofort zu Selma.
Er redet ihr gut zu:
»Wir holen dich gleich hier raus.«
Selma schluchzt immer noch.

Andere Feuerwehrmänner schaffen
aus dem Auto ein Gerät herbei.
»Das ist ein Rettungsspreizer«,
erklären sie.
»Damit befreit man bei Unfällen
eingeklemmte Personen
aus Autos oder Straßenbahnen.«
Mit dem Rettungsspreizer
biegen die Feuerwehrmänner
die Gitterstäbe auseinander.
Das dauert nur Sekunden.

12

1 Einsatzleitwagen
2 Sprungtuch
3 Brandmeister
4 Hydrant
5 Atemschutz
6 Tanklöschfahrzeug

Mit einem Mal ist Selmas Kopf wieder frei.
Vor lauter Überraschung
hört sie auf zu weinen.
Aber ihr Kopf ist noch ganz rot
vor Anstrengung.
Und sie ist noch sehr wackelig
auf den Beinen.
Deshalb bringen die Feuerwehrmänner
Selma mit dem Rettungswagen
nach Hause.

Danach müssen sie gleich zurück
in die Feuerwache.
Ob sie heute noch einen Einsatz
fahren werden?

13

8
9

7 Rüstwagen
8 Blaulicht
9 Martinshorn
10 Drehleiterwagen
11 Rutschstange
12 Rettungswagen

10

Feuerwehr

Feu

Die Feuerwehr im Einsatz

Auf der Feuerwache ist es still.
Die Feuerwehrmänner
schlafen in ihren Betten.
Sie haben ihre Unterwäsche
und die Hemden anbehalten.
Vor jedem Bett stehen Stiefel.
Die Jacken und Hosen
liegen griffbereit daneben.

Plötzlich schrillt die Alarmglocke.
Im Feuerwehrhaus geht automatisch
das Licht an.
Die Männer sind sofort hellwach.
Sie schlüpfen in ihre Hosen und Stiefel.
Im Laufen ziehen sie die Jacken an.
Über Rutschstangen
gleiten sie hinab ins Erdgeschoss.
Das geht viel schneller als über die Treppe.
Sie landen direkt in der Garage.

»Brand in Einfamilienhaus – Erbsenweg 4«,
tönt es durch den Lautsprecher.
Jeder Mann packt seinen Helm,
sein Feuerwehrbeil
und die Schutzhandschuhe.
Und schon sind sie auf dem Weg.
Fünf Feuerwehrautos rücken aus.
Seit Alarm gegeben wurde,
ist noch keine Minute vergangen.

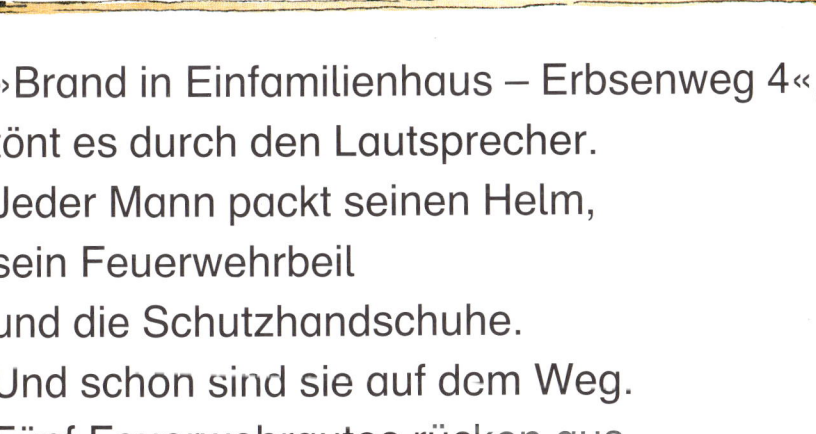

Feuerwehrautos haben immer Vorfahrt.
Auch an roten Ampeln.
Beim Einsatz zählt jede Sekunde.
Die Feuerwehr darf keine Zeit verlieren,
wenn ein Kind in Not ist
oder wenn es brennt.
Durch Martinshorn und Blaulicht
werden andere Verkehrsteilnehmer
gewarnt.

An der Spitze des Zuges
fährt der Einsatzleitwagen.
Darin sitzt der Einsatzleiter.
Über Funk gibt ihm

Unterflurhydrant

ein Mann in der Einsatzzentrale
den kürzesten Weg zum Brandort durch.
Außerdem sagt er ihm alles,
was er über den Brand bereits weiß.

Überflurhydrant

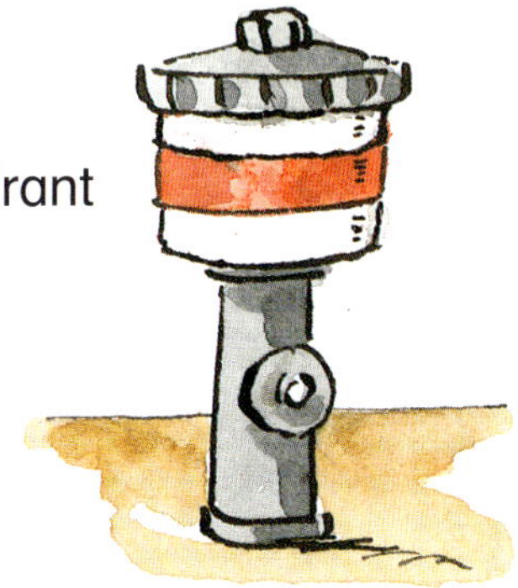

An der Brandstelle
fragt der Einsatzleiter zuallererst:
»Sind Personen in Gefahr?«
Die Hausbewohner schütteln die Köpfe.
Die Feuerwehrmänner
rollen ihre Schläuche aus.
Sie schließen sie an Hydranten an.
Das sind Wasseranschlüsse,
die überall in der Stadt
für die Feuerwehr eingerichtet sind.
Kleine Hinweistafeln an den Straßen
zeigen an, wo der nächste Hydrant steht.
Dann gibt der Einsatzleiter den Befehl:
»Wasser marsch!«

H 100
12
6

Es dauert nicht lange,
bis der Brand gelöscht ist.
»Feuer unter Kontrolle!«,
meldet ein Feuerwehrmann
dem Einsatzleiter.
Trotzdem bleiben vier Feuerwehrmänner
mit einem Löschfahrzeug zurück.
Sie sind die Brandwache.
Denn manchmal kommt es vor,
dass ein Fünkchen Glut
das Feuer aufs Neue entfacht.

Feuerwehrautos

Alle Feuerwehrautos sind rot.
Daran kann man sie sofort erkennen.
In einem Löschzug
werden verschiedene Fahrzeuge eingesetzt:

Der **Drehleiterwagen**
ist mit einer drehbaren Leiter ausgestattet.
Sie reicht bis zum achten Stockwerk
eines Hochhauses hinauf.

Das **Tanklöschfahrzeug**
hat einen großen Wassertank.
Er fasst so viel Wasser wie 30 Badewannen.

Im **Schlauchwagen**
befinden sich die Wasserschläuche.

Der **Rüstwagen** befördert
die Ausrüstung der Feuerwehrleute:
Äxte, Schaufeln, Motorsägen,
Rettungsspreizer, Handscheinwerfer,
Sprungtücher, Wasserpumpen
und vieles mehr.

Bei Bränden und Unfällen
kommt immer auch
ein **Rettungswagen.**
Er schafft Verletzte
so schnell wie möglich
ins Krankenhaus.

Die Ausrüstung

Jeder Feuerwehrmann
hat einen Feuerwehrhelm.
Oben auf dem Helm
ist manchmal eine spitze Kante.
Wenn ein Ziegelstein darauf fällt,
zerspringt er in zwei Teile.
Dann trifft der Stein den Kopf
nicht mit voller Wucht.

Der Feuerwehrmann muss oft
in verqualmte Räume hinein.
Dort schützt ihn ein Atemschutzgerät
vor beißenden und giftigen Dämpfen.
An das Atemschutzgerät
ist eine Pressluftflasche angeschlossen.
Sie versorgt den Feuerwehrmann
mit frischer Luft.

Jeder Feuerwehrmann
trägt einen breiten Ledergürtel,
den Hakengurt.

Helm

Nackenschutz
aus Leder

Weste

Hakengurt

Beil

Jacke

Rettungsleine

Hose

Atemschutzgerät

Pressluftflasche

Daran befestigt er sein Feuerwehrbeil,
die Arbeitshandschuhe
und die Rettungsleine.
Wenn er in verqualmte Räume eindringt,
hilft ihm die Leine den Rückweg zu finden.
Die Jacke und die Hose
sind aus fester Wolle.
Sie geraten nicht leicht in Brand.
Darüber trägt er
eine große, rote Weste
mit leuchtenden Warnstreifen.
So kann man den Feuerwehrmann
von weitem und im Dunkeln
sofort erkennen.

Der Feuerwehrmann kommt oft
ganz dicht an die Flammen heran.
Dann trägt er einen Hitzeschutzanzug.
Dieser Anzug ist mit Aluminium,
einem Metall, beschichtet.
So kann er kein Feuer fangen.

Die Feuerwehr zu Wasser und in der Luft

Ein Öltanker läuft in den Hafen ein.
Plötzlich geht ein heftiger Ruck
durch das Schiff.
Es kracht und knallt.
Der Tanker ist mit einem Frachtschiff
zusammengestoßen.
Öl läuft in das Hafenbecken.
Es legt sich wie ein dünner Teppich
auf die Wasseroberfläche.
Die Hafenfeuerwehr legt sofort
Ölsperren auf dem Wasser aus.
Damit wird das Öl
in einem kleinen Bereich festgehalten.
Dort kann es abgesaugt werden.

An Deck des Öltankers
ist inzwischen Feuer ausgebrochen.
Sofort fahren Löschboote herbei.
Sie pumpen das Löschwasser
direkt aus dem Meer.

Bei der Feuerwehr gibt es auch Taucher.
Sie überprüfen unter Wasser,
ob die Stützpfeiler von Brücken
noch fest sind.

Die Flughafenfeuerwehr
hat die schnellsten Autos.
Bei der Notlandung eines Flugzeugs
bleibt nur wenig Zeit.
Brennender Treibstoff wird mit einer
Schaumlöschkanone gelöscht.

In trockenen Sommern
brechen manchmal Waldbrände aus.
Dann setzt die Feuerwehr
Hubschrauber zum Löschen ein.
In wenigen Sekunden
können sie ihre Wasserbehälter auffüllen.
Sie fliegen einfach dicht über einen See
und tauchen die Behälter in das Wasser.

Vorbeugen ist besser als löschen

Was machen die Feuerwehrleute,
wenn es nirgendwo brennt?
Sitzen sie dann herum und warten?
Bestimmt nicht!
Die Feuerwehr löscht nicht nur Brände.

Sie kümmert sich auch darum,
dass öffentliche Gebäude
möglichst feuersicher sind.
Öffentliche Gebäude,
das sind zum Beispiel Schulen,
Kaufhäuser oder Kinos.
Sie müssen über Fluchtwege
und Notausgänge verfügen.
Die Fluchtwege erkennt man
an den grünen Schildern
mit dem weißen Pfeil.

In Kaufhäusern gibt es oft Sprinkleranlagen.
Das sind Wasserdüsen an der Decke.
Sobald es im Raum heiß wird,
geben die Sprinkler einen feinen Regen ab.

Die Feuerwehr überwacht,
ob in jedem Stockwerk
Feuerlöschgeräte hängen.
Sie überprüft die elektrischen Rauchmelder.
Schon bei einer kleinen Rauchwolke
lösen diese Geräte Alarm aus.

Bei Theateraufführungen,
Konzerten oder Volksfesten
ist die Feuerwehr stets anwesend.
Falls ein Brand ausbricht,
ist sie gleich zur Stelle.

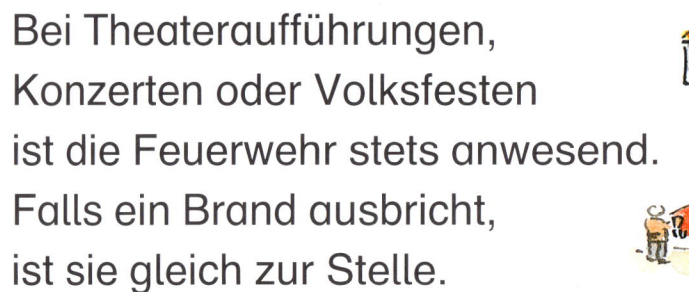

Die Feuerwehrmänner
halten regelmäßig Übungen ab.
Nur so kann bei Brandeinsätzen
alles schnell und reibungslos funktionieren.
Manchmal finden gerade keine Übung
und kein Einsatz statt.
Dann reparieren die Männer Funkgeräte,
überprüfen die Alarmanlagen
oder waschen die Schläuche.

Die Feuerwehr hat viele Aufgaben

Die Feuerwehr hilft in allen Notfällen.
In einem Notfall befand sich Selma,
als sie ihren Kopf nicht mehr
zwischen den Gitterstäben herausbekam.

Aber die Feuerwehr
hilft nicht nur Menschen,
sondern auch Tieren.
Mit ihren langen Leitern
holen die Feuerwehrleute verirrte Kätzchen
von hohen Bäumen herunter.
Oder sie fangen Bienenvölker ein,
die sich im Hochsommer
in die Stadt verflogen haben.
Oder wilde Tiere,
die aus dem Zoo ausgebüxt sind.

Wenn nach einem Sturm
Baumstämme auf der Straße liegen,
zersägen die Männer die Stämme
und räumen sie beiseite.

Bei Überschwemmungen
pumpt die Feuerwehr
das Wasser aus den Kellern.
Sie rettet Menschen und Tiere
vor dem Ertrinken.

Wenn ein Aufzug stecken bleibt,
befreit die Feuerwehr die Menschen,
die darin eingesperrt sind.
Auch bei Verkehrsunfällen
kommt die Feuerwehr.

Retten, löschen, bergen, schützen

. . . das ist der Wahlspruch der Feuerwehr.

Retten: Die wichtigste Aufgabe
der Feuerwehr besteht darin,
Menschen und Tiere
aus Notlagen zu befreien.

Löschen: Die zweite Aufgabe
ist das Löschen von Bränden.

Bergen: Bergen ist ein anderes Wort
für »in Sicherheit bringen«.
Bei Überschwemmungen
birgt die Feuerwehr
zum Beispiel
Autos und Möbel.

Schützen: Die vierte Aufgabe
ist der Brandschutz.

Beruf: Feuerwehrmann

Viele Männer und wenige Frauen
sind von Beruf Feuerwehrleute.
In jeder größeren Stadt
gibt es eine Berufsfeuerwehr.
Im Feuerwehrhaus ist dort Tag und Nacht
mindestens ein Löschzug einsatzbereit.
Ein Berufsfeuerwehrmann
hat meistens 24 Stunden Dienst.
Danach hat er 24 Stunden frei.

Feuerwehrmänner müssen gesund sein.
Sie treiben regelmäßig Sport.
Wer nicht schwindelfrei ist,
kann kein Feuerwehrmann werden.

Denn nur schwindelfreie Menschen
können auf der Drehleiter
25 Meter in die Höhe steigen.
Alle Feuerwehrleute
sind in Erster Hilfe ausgebildet.

Viele Dörfer und Städte sind so klein,
dass sie keine Berufsfeuerwehr haben.
Dort gibt es eine freiwillige Feuerwehr.
Die Männer von der freiwilligen Feuerwehr
haben andere Berufe.
Sie sind Schreiner, Metzger,
Mechaniker oder Journalisten.
Wenn ein Feuerwehreinsatz nötig ist,
werden sie über einen Sender »angepiepst«.
Dann lassen sie alles liegen und stehen.
Eilig rennen oder fahren sie
zur Feuerwache und rücken aus.

Als es noch keine Feuerwehr gab

»Feurioooo!«, schreit der Wächter
vom Wachturm auf der Stadtmauer.
»Feuriooo! Es brennt in der Eulengasse
Numero 17.«
In Windeseile stürzen die Bewohner
aus den umliegenden Häusern.
Jeder trägt einen Holzeimer in der Hand.
Männer, Frauen und Kinder
bilden blitzschnell eine Eimerkette.
Sie reicht vom Brunnen
bis zu dem brennenden Haus.

Ein starker Mann füllt die Eimer
am Brunnen mit Wasser.

Die vollen Eimer werden eilig durchgereicht.
Der Letzte schüttet das Wasser ins Feuer.

Auf so mühsame Weise
wurden noch vor 200 Jahren
die Brände gelöscht.

Viele Häuser in den Städten
waren damals aus Holz.
Und sie standen sehr eng beieinander.
Daher konnte es leicht geschehen,
dass die Funken eines brennenden Hauses
umliegende Häuser mit in Brand steckten.
Um das Feuer aufzuhalten,
riss man die Nachbarhäuser oft einfach ab.

Feuerwehr-Quiz

Immer nur eine der drei Antworten
ist richtig.
Male ein Kreuzchen
neben jede richtige Antwort.

1. Wie ist die Telefonnummer
   der Feuerwehr?
   a) 112
   b) 110
   c) 333

2. Was sagt man am Telefon,
   wenn man die Feuerwehr ruft?
   a) seinen Namen und seine Anschrift
   b) seinen Namen, was genau passiert ist
      und wo es passiert ist
   c) »Es brennt, es brennt!«

3. Wie kommen die Feuerwehrmänner
   vom ersten Stock zu den Autos
   im Erdgeschoss?

a) über eine Treppe

b) über die Rutschstange

c) mit dem Lift

4. Was ist ein Martinshorn?

a) eine Trompete

b) die Sirene des Feuerwehrautos

c) eine Posaune im Feuerwehrorchester

5. Wie nennt man einen Wasseranschluss
   zum Feuerlöschen?

a) Hydrant

b) Rettungsspreizer

c) Wasserpumpe

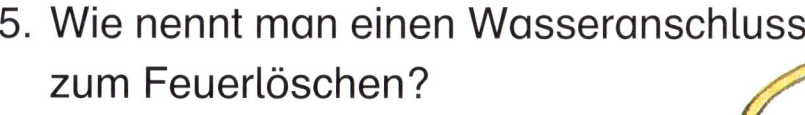

6. Wie lautet der Befehl zum Löschen?

a) »Wasser an!«

b) »Wasser los!«

c) »Wasser marsch!«

7. Was sagt der Einsatzleiter, wenn der Brand gelöscht ist?

a) »Feuer aus!«

b) »Feuer unter Kontrolle!«

c) »Schluss für heute!«

8. Welche Farbe haben Feuerwehrautos?

a) verschiedene Farben

b) grün

c) rot

9. Wie hat man früher Brände gelöscht?

a) mit einer Eimerkette

b) mit einem Feuerwehrauto

c) mit einem Löschflugzeug

48

Lösung: 1a, 2b, 3b, 4b, 5a, 6c, 7b, 8c, 9a